Haavald Slaatten

Der Himmelsbürger

– Befreit! –

ERGÄNZUNGSHEFT

Bruder Yun,
der bekannte Leiter der chinesischen Hauskirchenbewegung,
war einmal mehr gefangen genommen worden.
Dieses Mal in Burma (Myanmar).
Hier sieht er sich erneuter Folter gegenüber
und dazu Haftbedingungen, die schlimmer waren
als das, was er aus seiner Heimat China kannte.

LEUCHTER EDITION

Koproduktion

LITERATURDIENST
Aktionskomitee für verfolgte Christen
Postfach 1266, D-63659 Nidda, und

LEUCHTER EDITION
Postfach 1161, D-64386 Erzhausen

Titel der englischen Originalausgabe: The Heavenly Man
Erschienen bei Guardian Books, Belleville, Ontario, Kanada

Übersetzung aus dem Englischen: Volker Baumann, Nidda
Umschlaggestaltung: Svein Kåre Hagen – Arena as
Bearbeitung für die deutsche Ausgabe: Bernd Scheurer, Erzhausen

Gesamtherstellung: Schönbach-Druck GmbH, Erzhausen

ISBN: 3-87482-247-8
Bestell-Nr.: 547.247

Dieses Heft ist ein Sonderdruck mit den seit der Erstausgabe von „Der Himmelsbürger“ (ISBN 3-87482-231-1) neu hinzugekommenen Kapiteln.

Die Gesamtausgabe, die auch die ersten 26 Kapitel des Buches enthält, ist unter der ISBN 3-87482-246-X erhältlich.

Leuchter Edition GmbH
Postfach 11 61, 64386 Erzhausen
Fon: (0 61 50) 97 36 0, Fax: (0 61 50) 97 36 36
info@leuchter-edition.de
www.leuchter-edition.de

Inhaltsverzeichnis

		Seite
Einleitung		5
Kapitel 1	Die Flucht	7
Kapitel 2	Verhaftung und Folter	11
Kapitel 3	Wenn Engel reisen … und andere Wunder	15
Kapitel 4	Die Schrecken der Haft und die Herrlichkeit Gottes	25
Kapitel 5	Licht im Reich des Todes	33
Kapitel 6	Sieben Jahre – oder Gottes perfekter Zeitplan	39
Ein Wort zum Schluss		45

Einleitung

Im ersten Teil dieses Buches über den chinesischen Pastor, Bruder Yun, lasen wir, wie es ihm gelang, China zu verlassen. Wir lasen von seinem Kampf, Gottes Reich auszuweiten, von seiner Kompromisslosigkeit, von Gottes Wundern und den wiederholten Zeiten der Haft. Doch die dramatischen Entwicklungen zum Zeitpunkt der Veröffentlichung der Vorausgabe dieses Buches ließen viele Leser auf Informationen über die weiteren Ereignisse im Leben dieses Apostels warten.

Im Februar 2001 wurde Yun einmal mehr verhaftet; dieses Mal in Burma (Myanmar), wo er wiederum schwerer Folter und noch schlechteren Haftbedingungen ausgesetzt war als zuvor in seiner Heimat China. Doch auch hier konnte Gott ihn auf besondere Weise gebrauchen. Selbst eine völlig verdreckte Zelle in einem der schlimmsten Gefängnisse der Welt konnte Yun nicht daran hindern, das Licht Gottes und seine Barmherzigkeit den Menschen nahe zu bringen, die in einem Zustand unvorstellbarer Erniedrigung dahinvegetierten. Selbst zum Tode verurteilte wurden gerettet und ließen sich taufen, bevor Yun wieder aus dem Gefängnis entlassen wurde.

Daneben wollen wir im Folgenden auch berichten, auf welch dramatische Weise seine Frau und seine beiden Kinder aus Burma fliehen mussten und wie Gott ihnen so häufig auf wunderbare Art beigestanden hat.

Kapitel 1

DIE FLUCHT

Yun war vor dem, was ihm bevorstand, gewarnt worden. Gott hatte ihm in einem Traum gezeigt, dass er bei seiner Ausreise aus Burma Schwierigkeiten mit seinen Reisedokumenten bekommen würde. In dem Traum sah er, wie seine Familie das Land verlassen konnte, er aber zurückbleiben musste und wieder verhaftet werden würde. Neue Schwierigkeiten und Prüfungen erwarteten ihn. Doch gleichzeitig sah er in dem Traum, dass sich schlussendlich alles zum Guten wenden würde. Gott würde bei ihm sein und ihn beschützen.

Dies alles ereignete sich in Burma Anfang Februar 2001. Er hatte seine Familie besucht, die dort damals wohnte. Ihre Situation dort wurde jedoch immer schwieriger, und so war ihnen klar, dass sie das Land verlassen mussten.

Burma oder Myanmar, wie es jetzt offiziell heißt, spielt eine wesentliche Rolle in dem Vorhaben der chinesischen Christen, die bereits früher beschriebene Vision „Zurück nach Jerusalem" zu verwirklichen. In diesem buddhistischen Land, das von einem rücksichtslosen Militärregime mit harter Hand regiert wird, haben die chinesischen Hauskirchen ein Ausbildungszentrum für ihre Missionare errichtet. Anfang 2000 fand dort ein Treffen der Leiter der Hauskirchen statt – das erste Mal, dass ein solches Ereignis außerhalb Chinas einberufen worden war. Auch Yun nahm damals daran teil. Die ersten Studenten hatten ihre Ausbildung bereits begonnen. Alles war bereit. Auch die notwendige finanzielle Unterstützung war vorhanden, und die Zeit, die ersten Missionare auszusenden, kam immer näher.

Burma ist eines der ärmsten Länder Asiens. Der weit überwiegende Teil der Bevölkerung leidet unter bitterer Armut und das Militärregime unterdrückt alle Freiheiten der Bürger. Viele politische Gefangene sind in Gefängnissen eingekerkert, die zu den schlimmsten und brutalsten der ganzen Welt gerechnet werden. Die Armut und die Hoffnungslosigkeit der Menschen dort hinterließen unauslöschliche Eindrücke bei den chinesischen Gemeindeleitern, denen von da an das burmesische Volk besonders am Herzen lag. So beobachteten sie zum Beispiel, dass buddhistische Mönche Waisenkinder aufgriffen und sie ausbildeten, damit sie den Rest ihres Lebens Hilfsdienste bei der Götzenanbetung in den Tempeln verrichten sollten. Viele Mönche werden auf diese Weise „angeworben". Gegen diese Missstände wollten die chinesischen Leiter etwas unternehmen und Yun übernahm es, die Pläne dazu und deren Ausführung zu koordinieren.

Auf seine Initiative hin wurden vier Waisenhäuser eröffnet und durch die chinesische Hauskirche unterstützt. Eines davon befand sich auf dem gleichen Gelände wie die zuvor genannte Ausbildungsstätte für Missionare. Insgesamt sind mehr als US$ 30 000 an Hilfsgeldern von den chinesischen Christen an diese Waisenhäuser geflossen. Yun und seine Frau haben sich mit besonderer Hingabe dieser Aufgabe gewidmet und warben für das Projekt. Zusammen mit ihren beiden Kindern, Isaac und Yilin, lebte auch Yuns Frau Deling in der Ausbildungsstätte.

Aber die chinesischen Christen wissen nur zu gut und aus eigener Erfahrung, dass der Fürst der Finsternis alles in seiner Macht Stehende unternehmen wird, damit das Licht des Evangeliums sich nicht ausbreitet. Er will verhindern, dass die im Hinduismus, Buddhismus und Islam gefangenen Nationen Asiens die befreiende Botschaft des Evangeliums hören und die Menschen erlöst werden.

Die Familie macht sich auf den Weg

Im Herbst des Jahres 2000 nahmen die Ereignisse eine schlimme Wendung. Eines Tages flog ein General der burmesischen Armee mit dem Hubschrauber über das Gebiet, in dem das Ausbildungszentrum lag. In der direkten Nachbarschaft befand sich ein Rehabilitations-Zentrum für Drogenabhängige, das von taiwanesischen Christen unterstützt und geführt wurde. Mutig, aber auch sehr unvorsichtig, hatten sie eine taiwanesische Flagge gehisst, die von der Luft aus deutlich zu sehen war. Zweifellos eine äußerst unkluge Entscheidung. Der General entdeckte die Flagge bei seinem Rundflug, und da er enge Beziehungen zu China pflegte, interessierte ihn natürlich sehr, was die Taiwanesen dort unternahmen. Bei den dann folgenden Untersuchungen wurden nicht nur die Aktivitäten der taiwanesischen Christen entdeckt, sondern zugleich auch die Bibelschule, die Ausbildungsstätte und das Waisenhaus der chinesischen Hauskirchen. Kurze Zeit später tauchte die Polizei dort auf und durchsuchte das Anwesen – eine große Gefahr für Yuns Familie. Weil man wusste, dass Yun in China von der Polizei gesucht wurde und bei einer Verhaftung und Ausweisung mit der Todesstrafe rechnen musste, wurden alle Vorkehrungen getroffen, um seine Gefangennahme zu verhindern. Es war klar, dass auch sein burmesischer Ausweis und seine Aufenthaltserlaubnis ihn nicht vor der Verhaftung bewahren würden. Selbst Yuns gültige deutsche Reisedokumente, die ihm nach Anerkennung seines Asylbegehrens in Deutschland ausgestellt worden waren, würden in dieser Situation wohl kaum helfen.

„Uns war klar, dass wir zuallererst seine Frau und seine Tochter aus dieser Situation herausholen mussten“, erklärte ein Verantwortlicher, den wir hier einmal Tim nennen wollen. Jedes Mal, wenn die Polizei kam, floh die Familie durch eine unentdeckte Hintertür der Bibelschule. Es wurde jedoch immer gefährlicher und die Fragen der Polizei wurden immer drängender, so dass schließlich entschieden wurde, die Familie über die Grenze in das relativ sichere Thailand zu bringen.

Anfang Februar 2001 war Yun gerade vor Ort, um seine Familie zu besuchen, und bei seiner geplanten Abreise sollten seine Frau und seine beiden Kinder ihn nach Mandalay, der nächsten größeren Stadt, begleiten. Von dort aus wollten Tim und seine Leute arrangieren, dass die Familie außer Landes nach Thailand gebracht würde. Yun selbst wollte von Mandalay aus allein über die Hauptstadt Rangoon nach Chiang Mai in Thailand fliegen. Dort sollte sich die Familie wieder treffen.

Bei diesem Stand der Ereignisse schreiben wir Samstag, den 10. Februar 2001. Ein Flugzeug, in dem der Sohn Yuns und ein Begleiter saßen, war soeben in Mandalay gestartet. Ihr Ziel war eine kleinere Grenzstadt in der Nähe Thailands. Seine Mutter und Schwester sollten einige Tage später ebenfalls dorthin fliegen, und von da aus sollten alle zusammen nach Thailand gelangen.

Doch gerade in der Nacht auf den 11. Februar brachen kriegerische Handlungen zwischen Thailand und Burma aus. Die Beziehungen zwischen beiden Ländern waren schon seit Jahren gespannt und kleinere Scharmützel waren an der Tagesordnung. In dieser Nacht begannen nun die schwersten und längsten Kämpfe seit Jahren. Die Grenze wurde geschlossen. 30 000 Soldaten schossen von beiden Seiten mit Artillerie und Raketen aufeinander.

So saß der Sohn in den folgenden drei Wochen in der Kriegszone fest. Eine fünf Kilometer breite Pufferzone auf beiden Seiten der Grenze wurde hermetisch abgeriegelt. Zahllose Kontrollstellen sollten jede Bewegung in der Sicherheitszone im Auge behalten. Was konnten sie also tun, falls sich die Kämpfe länger hinziehen oder sogar noch ausweiten sollten?

Kapitel 2

VERHAFTUNG UND FOLTER

Yun selbst wollte am Morgen des 11. Februar 2001 in Mandalay ein Flugzeug besteigen, um, wie gesagt, über Rangoon nach Thailand zu reisen. Da es sich um einen internationalen Flug handelte, noch dazu in ein Land, mit dem sich Burma jetzt in kriegerischen Auseinandersetzungen befand, mussten alle Passagiere in Rangoon aussteigen und sich besonderen Ausreise- und Sicherheitskontrollen unterziehen. Und hier nehmen die dramatischen Ereignisse unseres Berichts ihren Anfang.

Das Handgepäck wurde sorgfältig untersucht. Die Sicherheitsbeamten entdeckten neben Geld einige Ringe, die Yun geschenkt bekommen hatte. Sie waren nicht besonders wertvoll, aber sie machten die Beamten doch neugierig und veranlassten sie, noch genauer zu suchen. Als sie nun seine Aktentasche öffneten, fanden sie, zusätzlich zu den burmesischen Ausweispapieren, auch sein deutsches Reisedokument. Einige dieser Dokumente enthielten jedoch nicht nur sein Foto, sondern auch Fotos von Mitgliedern seiner Familie. Nun war Yun schon einige Zeit zuvor durch Gott und durch seine Freunde davor gewarnt worden, beide Papiere mit sich zu führen, denn in Burma ist es strikt verboten, zwei unterschiedliche Ausweispapiere zu besitzen. Die Polizei verhörte Yun also und wunderte sich sehr über die Tatsache, dass er nicht ein einziges Wort Burmesisch sprechen konnte. Schließlich ging aus seinen Papieren hervor, dass er sich bereits seit 1990 im Land befände,

Zeit genug also, die burmesische Sprache fließend zu beherrschen. Was also hatte das alles zu bedeuten?

Die Beamten vermuteten zunächst, dass Yun ein Kurier der Rebellen sei, die sich im nördlichen Thailand versteckt hatten. Der Grenzkonflikt, der immer wieder zu bewaffneten Auseinandersetzungen geführt hatte, hängt sehr stark mit diesen Rebellen zusammen, die sich aktiv gegen das Militärregime zur Wehr setzen. Burma beschuldigt Thailand, diesen Gruppen, von denen einige Minderheiten repräsentieren, die in Burma unnachsichtig verfolgt werden, zu erlauben, von thailändischem Boden aus zu operieren.

Yun wurde bald in ein nahegelegenes Gefängnis gebracht, wo ihn als Erstes eine qualvolle und langandauernde Folter erwartete. Er wurde mit Handschellen gefesselt. Während des Verhörs, das dann folgte, wurde er von zwei Polizisten systematisch am ganzen Körper brutal mit Knüppeln und Stöcken geschlagen. Ein dritter Polizist prüfte derweil seine Papiere und stellte die Fragen. Diese Prozedur wurde zwei lange Tage rund um die Uhr ohne Pause fortgesetzt. Man misshandelte ihn mit Methoden, die noch schmerzlicher war als die schlimmsten Stunden in den chinesischen Gefängnissen.

„Es war schrecklich. Zeitweilig war ich mir sicher, dass ich das nicht überleben würde", erinnert er sich. Wenn wir uns die Erlebnisse in China wieder vor Augen halten, die früher in diesem Buch beschrieben sind, können wir uns ausmalen, wie grauenhaft diese Situation gewesen sein muss.

Er bekam nicht das Geringste zu trinken, obwohl die Temperaturen im Freien bis auf 40° C im Schatten stiegen. In der Zelle war es bei sehr hoher Luftfeuchtigkeit kein bisschen kühler. Seine Zunge fühlte sich bald wie Sandpapier an.

„Nachts zwang man mich, auf einem Bein zu stehen. Doch das war für so eine lange Zeit unmöglich. Wenn ich dann umfiel, schlugen sie wieder auf mich ein."

„Aber wie bist du da durchgekommen?"

„Ich habe an Jesus am Kreuz gedacht und an die Leiden, die er erdulden musste. Dann kam in mir gar kein Hass gegenüber diesen Menschen auf. Im Gegenteil, ich fühlte nur Liebe für sie. Ich empfand, dass ich sie mit Gottes Liebe lieben konnte."

So weit also die missliche Lage der Familie, die sich eigentlich in Thailand treffen wollte, um in Sicherheit zu sein, und die nun, getrennt voneinander, an drei verschiedenen Orten einer ungewissen Zukunft entgegensah. Der Vater befand sich in den Händen der brutalen burmesischen Sicherheitspolizei. Deling, Yuns Ehefrau, und ihrer Tochter war es wegen des Grenzkrieges nicht mehr möglich gewesen, Mandalay zu verlassen, und der Sohn schließlich saß in einer Stadt in der Nähe der burmesisch-thailändischen Grenze, mitten im Kriegsgebiet, fest. Offensichtlich setzte Satan alle Hebel in Bewegung, um diese Familie zu zerstören.

Pastor – nicht Rebell

Die ganze Angelegenheit war einfach total verworren. Tims Freunde warteten auf Yun am Flughafen in Chiang Mai, wo er jedoch nie ankam.

„Ich wusste, dass irgendetwas passiert sein musste, und hatte natürlich viele Fragen an Gott. Was hatten wir nur falsch gemacht? Schließlich dauerte es dann noch zwei weitere Tage, bis wir von Yuns Verhaftung in Burma erfuhren. Damit wussten wir aber noch nicht, in welchem Gefängnis er einsaß."

Hilfe wurde organisiert. Dazu wurde in mehreren Ländern (besonders in Deutschland und in Skandinavien) zum Gebet für Yun und seine Familie aufgerufen. In Skandinavien gab es eine regelrechte Gebetskette, an der sich mindestens 500 Menschen beteiligten. Die asiatischen Freunde unternahmen in dieser Zeit alles nur Mögliche, um Yuns Verbleib herauszufinden. Sie nahmen Kontakt mit Rechtsanwälten und mit der Deutschen Botschaft in Burma auf. Außerdem baten sie das Internationale Rote Kreuz um Hilfe.

Als Yun von den Sicherheitsbeamten in Rangoon festgenommen worden war, hatte er neben mehreren Fotos auch vertrauliche Schriftstücke in seinem Handgepäck. Zuerst nahm Yun an, dass die Beamten ihn für einen Fernseh-Reporter oder etwas Ähnliches halten würden, doch später erfuhren seine Rechtsanwälte, dass er schon sehr bald verdächtigt wurde, ein Kurier für die Rebellen zu sein.

Am Ende des zweiten Tages begann die Polizei jedoch zu ahnen, dass es mit diesem Mann etwas Besonderes auf sich haben musste. Sie entdeckten eine Broschüre über die burmesischen Waisenhäuser und Fotografien der Straßenkinder, die von Yun und den chinesischen Hauskirchen Unterstützung erhielten. Damit kamen wohl erste Zweifel bei den Behörden auf. Vielleicht war er am Ende doch kein Rebell.

„Ich verstand, dass sie bemerkt hatten, dass ich mich um Waisen kümmerte“, erinnert er sich.

Sie fanden dann auch einen Brief in Englisch, der von Leitern der chinesischen Untergrundkirche, der sogenannten „Sinim-Gemeinschaft“ verfasst war. Darin wurde deutlich, dass er ihr Repräsentant sei, ein Leiter für viele Millionen Christen. Weiteres Material kam zu Tage. Darunter auch Bücher über Yun selbst. Eines davon war in englischer Sprache, herausgegeben von „AsiaLink“ und mit seinem Foto auf dem Umschlag.

Allmählich wurde den burmesischen Polizisten klar, dass dieser Mann weder ein Kurier noch ein Spion oder ein Schmuggler, sondern ein Pastor der Christen war. Offensichtlich leitete er einen wichtigen Dienst und hatte viele Kontakte zum Westen. Doch obgleich sie daraufhin ihre Beschuldigungen, ein Spion oder Kurier der Rebellen zu sein, fallen ließen, blieben die Anklagen wegen illegalen Besitzes von Dokumenten und illegalen Devisenbesitzes bestehen.

Sie wollten natürlich wissen, woher Yun die Dokumente und das Geld hatte. Doch obwohl Yun sehr wohl wusste, durch wen er die Dokumente bekommen hatte (es war ein Glaubensbruder), weigerte er sich, dessen Identität preiszugeben. Schließlich gaben sie es dann auf, ihn zu foltern, und seine Situation begann sich allmählich zu verbessern.

Kapitel 3

Wenn Engel reisen … und andere Wunder

In der Zwischenzeit versuchten Tim und seine Leute, Deling und Yilin von Mandalay aus unbemerkt zur Grenze zu bringen. Die Polizei kannte ja in der Zwischenzeit die Identität von Yuns Familie durch die Fotos und die anderen Unterlagen, die sie bei Yun beschlagnahmt hatten. Als er verhaftet wurde, hatte Yun sogar einen Teil ihrer persönlichen Dokumente bei sich, was wirklich äußerst unvorsichtig war. So wurde jetzt die gesamte Familie von den Behörden gesucht.

Tim kam irgendwie mit Schmugglern in Kontakt, die bereit waren, sie von Mandalay aus zur Grenze zu bringen. Diese Leute hatten dazu ein Fahrzeug mit Nummernschildern der Regierung beschafft. Nur waren sie erst mit großer Verspätung in Mandalay eingetroffen, weil ihr Auto auf dem Weg dorthin zweimal eine Panne hatte. „Aber Gott war mit uns, und so gelang es ihnen, uns bis auf zehn Kilometer an die Grenze heranzubringen", erklärt Tim.

Von hier aus war es nur noch zu Fuß möglich, in die Sicherheit von Thailand zu gelangen. Mehrere andere Menschen hatten sich der Gruppe angeschlossen, die sich im Schutze der Nacht auf den Weg machte. In der ersten Nacht kamen sie bis auf fünf Kilometer an die Grenze heran. Dort mussten sie auf zwei Männer warten, die sie im Schutz der Dunkelheit durch das unwirtliche und gefährliche Gelände weiter bis nach Thailand führen sollten. Sie befanden sich in der Nähe des „Goldenen Dreiecks“, der Region, wo ein Großteil des weltweiten Heroins produziert wird. Von ihrem Treffpunkt aus konnten sie die Lichter der vielen Heroinfabriken sehen, wo einige der mächtigsten Drogenbarone der Welt über ihre todbringenden Laboratorien wachten. Insofern mussten sie sich nicht nur vor den Soldaten und der Grenzpolizei in Acht nehmen, sondern auch vor den Wachen dieser Drogenfabriken.

Fast zwei Tage lang mussten sie in ihrem Unterschlupf warten. Erst gegen Ende der zweiten Nacht, weit nach Mitternacht, tauchten die beiden Männer schließlich auf. Schnell brachen sie auf. Sie durften keine Lampen verwenden und mussten ihre Schuhe ausziehen, um keine Spuren zu hinterlassen, die man hätte verfolgen können. Auch war es streng verboten, während des gesamten Marsches auch nur ein einziges Wort zu sprechen. In dieser undurchdringlichen Dunkelheit wurden Yuns Ehefrau und ihre Tochter ohne es zu merken vom Rest der Gruppe getrennt. Sie konnten mit der Geschwindigkeit der Gruppe einfach nicht mithalten. Das lag u. a. daran, dass sich die erst 10-jährige Yilin in dem rauen Gelände einen Fuß verletzt hatte. Die Schmuggler nahmen sich nicht die Zeit zurückzuschauen und interessierten sich auch nicht dafür, ob jemand den Anschluss verlor. In dieser äußerst gefährlichen Situation musste man entweder Schritt halten oder wurde zurückgelassen.

Als nun Mutter und Tochter bemerkten, dass sie den Anschluss verloren hatten und einsam im Dunkel der Nacht standen, wussten sie nicht mehr, was sie noch tun sollten. Dann jedoch geschah etwas, was wir mit unserem rationalistischen, westlichen Verstand geneigt sein könnten skeptisch als Einbildung abzutun, was chinesische Christen jedoch gelernt haben, als Teil der Realität zu akzeptieren. Plötzlich tauchte direkt neben ihnen eine strahlende Erscheinung auf und sie sahen eine Gestalt, die so etwas wie ein blinkendes Suchlicht auf dem Kopf trug. Diesem Licht folgten sie unter Aufbietung aller ihrer Kräfte und gelangten so geradewegs zu ihrer Gruppe zurück.

Deling wusste, dass diese Erscheinung ein Engel war. Jahre zuvor hatte sie bereits einmal eine ähnliche Erfahrung gemacht. Als sie im Alter von 15 Jahren während der Kulturrevolution als einzige Christin in ihrem Dorf von ihrer Familie wegen ihres Glaubens an diesen sogenannten Aberglauben verfolgt wurde, traf sich die nächste Versammlung von Christen in einem Dorf, das einen Fußweg von zwei Stunden entfernt war. Ihre Treffen endeten oft erst spät in der Nacht, und in den ländlichen Gebieten gibt es in China nachts keinerlei Beleuchtung, so dass es sehr dunkel wird. Doch drei Monate lang kam jede Nacht ein Engel mit einer Lampe zu ihr und führte sie nach Hause. Diesen Engel hatte sie nun mehr als 20 Jahre nicht mehr gesehen. Nun tauchte er wieder auf, gerade als sie übernatürliche Führung brauchte, um durch die Dunkelheit zurück in Sicherheit zu gelangen.

Schließlich kamen sie an die Grenze und gelangten unentdeckt nach Thailand hinein. Am folgenden Tag riefen sie Tim an und beschrieben ihm das Dorf, in dem sie sich nun befanden.

„Sie nannten uns den chinesischen Namen des Dorfes, aber wir hatten nur eine Karte, auf der die thailändischen Ortsbezeichnungen eingetragen waren. So mussten wir lange umherlaufen und suchen, um schließlich herauszufinden, um welches Dorf es sich handelt", erinnert sich Tim.

Die thailändischen Behörden nach ihnen zu fragen, war unmöglich. Schließlich war Krieg, und was hatten Ausländer im Grenzgebiet zu suchen? So gab es nur eins – beten. Zu Gott zu beten, um mit Seiner Hilfe herauszufinden, wo sich dieser Ort befand. Nach einer Weile trafen sie einen Thai, der ihnen helfen wollte, und es stellte sich heraus, dass er auch an Jesus Christus glaubte. Und er kannte auch das Dorf, weil sein Bruder dort lebte. So führte er sie hin, und endlich hatten sie die beiden Frauen gefunden. Dass in diesem Teil Thailands, wo fast jeder Bewohner entweder Buddhist oder Moslem ist, plötzlich ein Christ auftaucht und ihnen den Weg zeigt, kann wirklich nur auf Gottes gnädiges Eingreifen zurückgeführt werden.

„Es muss ein sehr schwieriger Marsch gewesen sein. Als wir sie fanden, waren Yilins Beine bis zu den Knien mit Schnitten, Schürfwunden und Blut bedeckt", erwähnt Tim noch.

Tim hatte mittlerweile Kontakt zur Deutschen Botschaft in Bangkok aufgenommen. Dort hatte man ihm versprochen, jede notwendige Unterstützung zu geben, um die Familie nach Deutschland zu bringen. Bis in die Hauptstadt mussten sie es jedoch zunächst aus eigener Kraft schaffen. Die Botschaft konnte draußen im Land nichts für sie tun, dazu kam, dass die Familie in Burma gesucht wurde. Und einfach mit einem Diplomatenfahrzeug in die Nähe der Grenze zu fahren, wäre den Mitarbeitern der Botschaft beim besten Willen unmöglich gewesen, denn schließlich herrschte dort gerade Krieg. Tim hatte jedoch einen Brief erhalten, den er vorzeigen sollte, falls sie auf ihrer Fahrt von Sicherheitsposten angehalten werden sollten. Darin wurde darum gebeten, den beiden Frauen jegliche mögliche Unterstützung zu gewähren, damit sie in die Deutsche Botschaft gelangen könnten, wo ihre deutschen Pässe auf sie warteten.

„Als wir zu unserem Treffpunkt an der thailändisch-burmesischen Grenze fuhren, sahen wir einen Kontrollpunkt nach dem anderen, und wir fragten uns, wie dies wohl auf dem Rückweg sein würde. Aber es war seltsam, auf dem Rückweg, als wir die beiden Flüchtlinge bei uns hatten, wurden nur noch solche Fahrzeuge überprüft, die in Richtung auf die Grenze zu fuhren. Weder auf der Hin- noch auf der Rückfahrt wurden wir ein einziges Mal überprüft. In den Augen der Thais waren wir wohl „Besucher aus dem Westen“, die den Wachen freundlich zuwinkten. Derweil kauerten sich Mutter und Tochter im Auto nieder, um nicht gesehen zu werden. So gelangten wir nach Chiang Mai in die Sicherheit.

Im Schnellboot in die Freiheit

Nun war Yuns Sohn an der Reihe. Auch er wurde in Burma gesucht und befand sich nun schon seit drei Wochen in der kleinen Grenzstadt, wo er den Krieg aus nächster Nähe erlebte. Aus Thailand abgeschossene Granaten und Raketen explodierten in der Stadt und den umliegenden Gebieten und richteten viel Zerstörung an.

„So entschlossen wir uns, ihn in der Nähe des Goldenen Dreiecks über den Mekong-Fluss zu bringen. An diesem Ort treffen die Grenzen von Burma, Laos und Thailand inmitten des Flusses zusammen. Am aussichtsreichsten schien es uns, ihn zunächst mit einem Boot nach Laos zu bringen und von dort flussabwärts über die Grenze zwischen Thailand und Laos.“

Das Goldene Dreieck ist eine kleine, etwa dreieckige Insel aus gelbem Sand, die sich in der Mitte des Flusses befindet, wo die

Grenzen dieser drei Länder aufeinandertreffen. Der Mekong ist dort fast 200 Meter breit. Bis dorthin waren Tim und seine Freunde gekommen, aber die Situation wurde zunehmend gefährlicher, denn das Gebiet wurde intensiv kontrolliert und der Zutritt war strikt untersagt. Außerdem hatten sie keinen sicheren Anhaltspunkt, ob sie sich tatsächlich bereits in der Nähe des Ortes befanden, wo Isaac, Yuns Sohn, sich aufhielt.

„Über sein Handy rief ich ihn an und fragte ihn, wo er sich befände." Darauf erwähnte er zwar einen chinesischen Namen, den Tim aber nicht kannte.

„Den chinesischen Namen für das ‚Goldene Dreieck' hatte ich bis dahin noch nie gehört." Schließlich kam ich jedoch dahinter, dass er wohl diese Region meinen musste. Wir beteten zu Gott: „Bitte, hilf uns. Wir wissen ja noch nicht einmal, ob wir hier überhaupt am richtigen Ort sind." Es dauerte dann wirklich nur noch kurze Zeit, bis wir herausfanden, dass wir uns tatsächlich in der richtigen Gegend befanden.

In der Zwischenzeit hatten auf der anderen Seite des Flusses die Geschehnisse eine wunderbare Wendung genommen. Unsere Freunde hatten ein Fahrzeug mit einem offiziellen Nummernschild auftreiben können. Nach Tims Anweisungen fuhren sie auf der burmesischen Seite am Ufer des Mekong entlang und hielten dabei nach einem Boot Ausschau. Gerade in dem Moment, als sie das Auto verlassen mussten, weil den Fahrern die Sache zu heiß wurde und sie den Wagen in der Ferne verschwinden sahen, da tauchte plötzlich ein Schnellboot direkt vor den Flüchtlingen auf. Die Besatzung hatte zuvor einige Personen aus Thailand nach Burma geschmuggelt und fragte nun, ob sie vielleicht auf die andere Flussseite gebracht werden wollten.

„Wir hatten nichts davon arrangiert, aber plötzlich tauchte da dieses Schnellboot direkt vor den Flüchtlingen auf und bot ihnen die Passage an", erzählt Tim rückblickend. „Auf unserer Seite des Flusses, gerade 200 Meter entfernt, befanden sich zwei Militärposten mit bewaffneten thailändischen Soldaten – einer flussaufwärts, der andere flussabwärts. Und wir wussten immer noch nicht, wo sich Isaac gerade befand. Also baten wir Gott, Isaac möge doch direkt zu uns kommen, so dass wir ihn dann schnell in unserem Auto verstauen konnten. Während ich dort wartete, beschloss ich, mit meiner Videokamera einige Aufnahmen von der Umgebung zu machen. Da sah ich drei Boote, die sich von Laos aus, d.h. von Osten, den Fluss herunter auf uns zu bewegten. Eins der Boote beschleunigte und kreuzte die laotisch-thailändische Grenze, die dort in der Flussmitte verläuft, und hielt auf das thailändische Ufer zu, gerade dorthin, wo wir uns befanden. Da sehe ich Isaac aus dem Boot springen! Es ist mir wirklich unerklärlich, warum die beiden bewaffneten Grenzposten nicht sahen, was da vor sich ging. Zumal alles am helllichten Tag geschah und die spärliche Vegetation dort keine Deckung gab!“

Schnell zogen sie den Flüchtling in ihr Auto und fuhren davon. Nun lagen vor ihnen noch einige Kontrollposten auf dem Weg nach Chiang Mai. Doch zu diesem Zeitpunkt interessierte sich die Polizei aus irgendeinem Grund nur für den Verkehr, der in die Gegenrichtung fuhr. Später, nachdem sie den letzten Kontrollposten passiert hatten, wurde dann auch wieder der Verkehr, der sich von der Grenze weg bewegte kontrolliert. Sie waren buchstäblich das letzte Auto, das ohne Stopp passieren durfte. Der nächste Wagen wurde bereits wieder angehalten und durchsucht. Wenn das nicht Gottes Zeitplan ist! So konnten kurze Zeit später Sohn, Mutter und Schwester in Chiang Mai wieder vereint werden.

Ein heimlicher Christ

Ihre Probleme waren damit aber bei weitem noch nicht gelöst. Sie hatten keine Reisedokumente, keine Ausreiseerlaubnis und natürlich auch keine Visa, was für sie sehr unangenehm hätte werden können, wenn sie im Land aufgegriffen worden wären. Deshalb beschlossen sie, es sei am besten, zunächst in eine größere Stadt zu reisen. Dort kaufte Tim Flugtickets nach Bangkok. Durch die Kontrollen für ihren Flug von Chiang Mai nach Bangkok kamen sie mit Bangen, aber ohne aufzufallen.

„Das war das erste Mal in meinem Leben, dass ich Passagiere für einen Flug einchecken konnte, die selbst nicht am Schalter waren, um ihre Ausweispapiere vorzulegen“, erzählt Tim.

Als sie schließlich sicher in Bangkok gelandet waren, warteten neue Herausforderungen. Wo sollten diese Leute nun verbleiben, die in das Land geschmuggelt worden waren und nicht erwischt werden durften? Der Krieg und ein notstandsähnlicher Zustand des Landes hatten zu sehr strengen Sicherheitskontrollen in der thailändischen Hauptstadt geführt. Die Polizei überprüfte regelmäßig Hotels und andere Plätze in dem Versuch, der Leute habhaft zu werden, die illegal in das Land eingereist waren.

Die Deutsche Botschaft in Bangkok hatte ihrerseits alles getan, um zu helfen. Dennoch musste es Tim nun noch gelingen, die offizielle Bestätigung der thailändischen Behörden zu bekommen, dass sich Yuns Familie rechtmäßig im Land befand. Zu diesem Zweck mussten sie die thailändische Einwanderungsbehörde aufsuchen. Zu diesem Zeitpunkt waren bereits mehr als drei Wochen vergangen, seit sie sich in Burma auf den Weg gemacht hatten.

Tim brachte den Namen des Direktors der Einwanderungsbehörde in Erfahrung. An einem Donnerstagabend waren sie in Bangkok eingetroffen und am nächsten Morgen unternahm er gleich den Versuch, sich mit diesem Mann zu treffen.

„Ich sagte auf der Behörde, dass ich den Direktor sprechen wolle, doch sie antworteten mir, dies sei leider nicht möglich, da er an einer sehr wichtigen Besprechung teilnehme, die wegen des Krieges angesetzt worden war. Sie konnten mir auch keine Auskunft darüber geben, wann er zurückerwartet würde und ob er an diesem Tag überhaupt noch zurückkäme. Ich bestand jedoch darauf, dass ich eine sehr wichtige Sache mit ihm zu besprechen hätte, und legte den Brief der Deutschen Botschaft vor. Dann bat ich darum, ihn anzurufen und ihm mitzuteilen, dass ich in seinem Büro auf ihn wartete."

Doch warum nur sollte dieser hochgestellte Beamte eine wichtige Regierungsbesprechung verlassen, um Tim anzuhören?

Drei Stunden später war der Direktor der Einwanderungsbehörde da. Eine Sekretärin informierte ihn und gab ihm die Briefe der Deutschen Botschaft, dann ging er in sein Büro. Nach einer halben Stunde kam er heraus, nickte Tim zu und lud ihn in sein Büro ein. „Ich nehme an, Sie sind Christ", sagte er.

„Ich fragte ihn, wie er darauf käme. Darauf sagte er: ‚Nun, wenn Sie kein Christ wären, dann würden Sie sich um solche Sachen nicht kümmern.'"

Es stellte sich schließlich heraus, dass der höchste Beamte der

Einwanderungsbehörde in einem buddhistischen Land, wo es immer noch nur sehr wenige Christen gibt, im Verborgenen ein Anhänger Jesu war. Eine ganze Stunde sprachen sie dann über die Dinge, die Gott in Asien gerade tut. Anschließend genehmigte er in einem Brief den Aufenthalt der Flüchtlinge, wies jedoch darauf hin, dass Tim sich zusätzlich eine Bestätigung der Sicherheitskräfte holen müsse, deren Büros sich im zweiten Stockwerk des gleichen Gebäudes befanden.

Endlich raus

Auf dem Weg zu dem betreffenden Büro sah Tim mit eigenen Augen, wie es Menschen erging, die keine gültigen Papiere hatten. Eine Reihe von Menschen saß dort mit Handschellen und Fesseln auf den Fluren, während laufend weitere Häftlinge hereingebracht wurden. Einige Rechtsanwälte waren anwesend und legten unverblümt Bargeld auf den Tisch. Wenn genügend „Cash" aufgehäuft war, wurden den Verhafteten die Handschellen abgenommen und sie konnten den Raum verlassen. So spielen sich geschäftliche Vorgänge in Asien häufig ab.

„Ich sprach jedoch zu Gott und sagte ihm, dass ich nicht dafür bezahlen wollte, dass meine Freunde das Land verlassen konnten. So reichte ich einfach die Dokumente ein und bat darum, ihre deutschen Reisepässe zu stempeln."

Als er die Papiere sah, sagte der Sicherheitsoffizier, da der Direktor der Einwanderungsbehörde ja schon seine Zustimmung gegeben habe, bliebe ihm wohl nichts anderes übrig, als dies ebenfalls zu tun. Er bestand jedoch darauf, dass ihm die Hintergründe dieses besonderen Falles erklärt werden müssten. Tim fragte sich, wo dies wohl hinführen und wie lange das dauern würde. Sie hatten die Absicht, bereits am Montag nach Deutschland zu fliegen. Die Flugtickets waren gekauft und das Wochenende stand vor der Tür. Es war nun schon nach 15 Uhr am Freitagnachmittag. Da forderte der Offizier Tim auf, die fraglichen Personen umgehend in sein Büro zu bringen, damit er diesen Fall sofort erledigen könne.

Als sie kurze Zeit später alle zusammen dort eintrafen, saßen viele der Verhafteten noch unverändert in ihren Handschellen und

Fesseln auf dem Flur. Deling versuchte einstweilen, ihre Tochter zu beruhigen, der dieser Anblick große Angst machte. Deling selbst jedoch hatte großes Mitleid mit den Gefesselten und fragte sie, ob sie durstig seien. Dann ging sie zu einem Wasserhahn und brachte ihnen zu trinken. Anschließend versorgte sie auch noch die Angestellten der Dienststelle. Danach blieb ihnen nur eins, nämlich geduldig zu warten.

Kurz vor 17 Uhr kam schließlich der Beamte, der vorher die Bestechungsgelder der Rechtsanwälte angenommen hatte, zu ihnen. Er war der Direktor des Geheimdienstes und sprach Tim auf Chinesisch an. Er wollte wissen, wie diese drei Menschen in das Land gekommen waren.

„Ich musste zugeben, dass ich sie von Burma aus in das Land geschmuggelt hatte, dass der Vater noch in Rangoon in Haft war, dass aber die Deutsche Botschaft versprochen hatte, ihnen die Einreise nach Deutschland zu erlauben."

Der Mann prüfte die Dokumente, hörte sich die Schilderungen an und sagte schließlich: „O.k., ich glaube Ihnen. Aber es gibt da noch ein Problem. Sie behaupten, es sei Ihnen gelungen, diese Leute über die Grenze zu bringen, darunter eine Mutter mit ihrem Kind mitten in der Nacht, und das durch die Frontlinien der burmesischen und thailändischen Soldaten, wobei auf jeder Seite 30 000 Mann stehen. Sie sagen, sie seien unbemerkt durch alle Sicherheitskontrollen gekommen. Es ist doch unmöglich, dass Sie nicht gefasst worden sind."

„Ich erwiderte, dass wir dem allmächtigen Gott dienen." Daraufhin meinte er nur: „Ja, er muss wirklich allmächtig sein, oder Sie sind der größte Lügner der Welt. Ich weiß nicht warum, aber ich glaube Ihnen."

Die Dokumente wollte er allerdings noch bis zum Montagmorgen behalten. So verließ Tim mit Yuns Familie das Büro in der Aussicht, die Dokumente am nächsten Montag gegen 9 Uhr abholen zu können.

Tim traf wie vereinbart am Montag, den 5. März, im Büro der Sicherheitsbehörde ein. Aber keine einzige Person war zu sehen. Es dauerte schließlich bis 10 Uhr, bis sich der erste müde Beamte zeigte. Bald danach kamen auch die anderen und neue Häftlinge in Handschellen und Fesseln wurden hereingebracht. Es wurde nach 10 Uhr. Noch immer war die zuständige Person nicht im Büro erschienen und Tim begann daran zu zweifeln, dass sie überhaupt mit ihrem Anliegen Erfolg haben würden. Der Abflug war genau für 12 Uhr vorgesehen und er befand sich noch im Zentrum von Bangkok. Bis zum Flughafen war es ein weiter Weg im ständig überlasteten Stadtverkehr. Da, endlich, kurze Zeit später, wurde ihm bedeutet, er solle zum Kassenschalter gehen. Die Angestellte dort war aber ziemlich verwirrt und erklärte ihm: „Hier steht nichts davon, dass Sie irgendetwas bezahlt haben, und nun frage ich Sie: Wie soll ich das in meine Buchhaltung eintragen?“

„Darauf konnte ich ihr nur sagen, das sei nicht mein Problem. Ich wüsste jedenfalls nichts davon, dass ich etwas bezahlen müsse und hätte auch nicht die Absicht, etwas zu bezahlen.“

Schließlich bekam er tatsächlich die Reisepässe ausgehändigt, ohne irgendetwas dafür zu bezahlen, und die drei Freunde erreichten gerade noch den Flug nach Deutschland.

Damit hatte sich der Teil von Yuns Traum, der seine Familie in Sicherheit zeigte, erfüllt. Aber genauso erfüllte sich auch jener Teil des Traumes, der vorschattete, dass er selber in der Hand rücksichtsloser Wärter einer gnadenlosen Gefängnisverwaltung zurückbleiben würde.

Kapitel 4

DIE SCHRECKEN DER HAFT UND DIE HERRLICHKEIT GOTTES

In dem Gefängnis in der Nähe des Flughafens war es Yun noch erlaubt, seine Bibel und etwas Schreibmaterial zu behalten. So betete er fortwährend und las in seiner Bibel.

„Ich ahnte schon, dass ich verlegt werden und sie mir dann meine Bibel wegnehmen würden. Deshalb las ich in dieser Zeit sehr viel, besonders in den Büchern 1. Samuel, Esra und im Johannesevangelium. Ich lernte so viele Verse wie möglich auswendig und notierte gleichzeitig längere Textpassagen auf kleine Papierfetzen. Einen Teil meiner Zeit verwendete ich darauf, an zwei kleinen Büchern zu schreiben, die für Pastoren und Evangelisten bestimmt waren. Die Bücher handeln davon, wie man ein kraftvolles Gebetsleben haben und aufrechterhalten kann."

Im Vergleich zu dem, was ihn noch erwartete, war dieses Gefängnis wirklich gar nicht so schlecht.

Nach zwei Wochen, gegen Ende Februar, gelang es Tim schließlich, den Aufenthaltsort Yuns herauszufinden, und es wurde Yun später sogar gestattet, mit seiner Frau und mit Tim zu telefonieren. Während der kommenden Wochen konnten sie so regelmäßig in Kontakt bleiben.

Yuns Aufenthaltsort herauszufinden war ihnen mit Hilfe einiger Menschen aus Singapur gelungen, die eine Familienangehörige besuchten, die in einer Zelle in der Nachbarschaft von Yun eingesperrt war. Auch sie war wegen falscher Reisedokumente verhaftet worden. Diese Verwandten waren höchstwahrscheinlich selber Christen. Ihnen war dieser Mann aufgefallen, der immer, wenn sie ihn sahen, entweder betete oder in seiner Bibel las. Einer sagte schließlich zu Yun: „Ich sehe, Sie sind Christ. Ich würde Ihnen gerne helfen. Wenn Sie mir eine Telefon-Nummer geben, will ich gerne Ihre Freunde über Ihren Aufenthaltsort informieren." Yun gab diesem Mann die Telefonnummer eines Pastors, der wiederum mit Tim Kontakt aufnahm. Der Pastor selber konnte im Gefängnis selbst nicht vorsprechen aus Furcht, verhaftet zu werden. Doch Tim gelang es, die genaue Adresse des Gefängnisses und sogar die Zellennummer herauszufinden, so dass schließlich zwei Rechtsanwälte Yun besuchen und ihm neben einigen Lebensmitteln auch ein paar andere Dinge des täglichen Bedarfs bringen konnten.

Dies ist fast der einzige Weg, wie essbare Verpflegung in burmesische Gefängnisse kommt. Ansonsten ist ein Gefangener auf das völlig verschmutzte, halb verfaulte Gefängnisessen angewiesen. Ein Essen, das man, nach Yuns Beschreibung, in China bestenfalls noch den Schweinen geben würde. Bei Menschen musste es fast zwangsläufig zu Mangelernährung und Krankheit führen.

Am 3. April 2001 wurde Yun schließlich aus dem Gefängnis in der Nähe des Flughafens in eine Haftanstalt verlegt, die bedeutend größer war – und bedeutend schlimmer. Es war einfach schrecklich und noch qualvoller als die Bedingungen, die Yun aus chinesischen Gefängnissen gewohnt war. Wenn man diese Aussage im Licht der Beschreibungen, die wir früher in diesem Buch gelesen haben, betrachtet, dann ahnt man, was das bedeutet. Infolge des völlig willkürlichen Rechtssystems in Burma waren an diesem Ort etwa 10 000 Menschen eingesperrt, von denen viele lange Haftstrafen absitzen mussten. Eine große Anzahl von ihnen würde hier, inmitten dieser schrecklichen Umstände, ihren letzten Atemzug tun. Yun wurde zusammen mit weiteren 100 Menschen in eine Zelle gepfercht, die nicht größer als 40 bis 50 qm war. Etwa 100 dieser Zellen gab es in dem Gefängnis. Wenn die Gefangenen schlafen wollten, mussten sie sich eng aneinander pressen, um auf dem Boden etwas Raum zu haben.

Krankheiten aller Art grassierten dort: AIDS, Lepra, TBC, Tropenkrankheiten und dazu die verschiedensten Erkrankungen der inneren Organe, die durch die schlechten hygienischen Bedingungen und die verdorbenen Lebensmittel hervorgerufen wurden. Fast alle hatten offene Geschwüre am ganzen Körper, und der Gestank in den Zellen konnte einem den Magen umdrehen. Jeden Tag trugen die Wachen Tote aus den Zellen hinaus. Politische Gefangene und Kriminelle, darunter Massenmörder und Drogenbarone, wurden zusammen eingesperrt und auf die gleiche Art behandelt. Unter den Insassen waren auch einige, die zusammen mit der Nobelpreisträgerin Aung San Suu Kyi für demokratische Reformen in Burma gekämpft hatten und nun zu langen Haftstrafen verurteilt worden waren.

Das Gefängnispersonal hatte ausgeklügelte Methoden, die Gefangenen zu quälen. Vielleicht war es als körperliche Übung gedacht, und vielleicht sollte es auch nur dazu dienen, die Entkräftung der Gefangenen weiter voranzutreiben. Jedenfalls musste jeder von ihnen mehrere Male am Tag 200 „Sit-Ups" verrichten. Das heißt, die Gefangenen mussten sich mit dem Rücken auf den Boden legen und sich dann in eine sitzende Position hochziehen – 200mal hintereinander. Besonders hart war diese Tortur für die durch Krankheit geschwächten Gefangenen. Die Temperatur in den Zellen betrug fast 40° C, so dass die Insassen bei all dem extrem schwitzten. Nach einer gewissen Zeit wurde Yun jedoch nicht mehr gezwungen, sich diesen Übungen zu unterziehen, ohne dass dies weiter begründet wurde.

Die Insassen durften ein Hemd und ein Paar Shorts behalten, doch das Buch, das Yun gerade geschrieben hatte, und seine Bibel wurden ihm weggenommen. Falls entdeckt wurde, dass jemand noch Papier, und seien es nur einige Fetzen, in seinem Besitz hatte, wurde der Betroffene angekettet und schwer geschlagen. Die persönlichen Habseligkeiten Yuns wurden seinen Rechtsanwälten übergeben.

Durch die Rechtsanwälte konnte Tim schließlich ein Johannesevangelium in deutscher Sprache zu Yun in die Zelle bringen lassen. Die Wärter wollten das zunächst zwar nicht zulassen, aber Yun protestierte mit aller Entschlossenheit gegen dieses Verbot. Er erklärte ihnen, er habe den gleichen Status wie ein buddhistischer Mönch, und denen sei es schließlich auch erlaubt, ihre Bücher bei sich zu haben, wenn sie mit Menschen über Gott sprechen. Aus dem gleichen Grund brauche auch er dieses Buch, wenn er mit seinen Mitgefangenen über Gott reden wollte. Nach einer Weile akzeptierten sie dann diese Argumentation und willigten ein.

Yun kann nur sehr wenig Deutsch, aber Gott hatte ihn dazu bewogen, sich im Vorfeld so intensiv mit dem Johannesevangelium in chinesischer Sprache zu beschäftigen, dass er es anschließend fast auswendig kannte. So konnte er allein anhand der Verszählung den Text des Johannesevangeliums auch in deutscher Sprache verstehen. Nur Gott allein konnte wissen, dass Yun einmal nur die deutsche Version gerade dieses einen Buches aus dem Neuen Testament zur Verfügung haben würde. So hatte er jetzt einen geschriebenen Text vor Augen, anhand dessen er Gottes Wort erfassen konnte, ohne eigentlich die gelesene Sprache zu verstehen.

Viele waren der Ansicht, dass Yuns Gefangenschaft nur ein Missverständnis sei und er schnell wieder entlassen werden würde. Yun hörte wiederholt diese Erwartung, unter anderem auch von seinen christlichen Freunden und von den Rechtsanwälten. Doch Yun selbst konnte diese Erwartung nicht teilen.

„Mir war klar, dass Gott selbst mich in das Gefängnis geschickt hatte. Ich sollte dort für eine gewisse Zeit sein und den Gefangenen dienen – ich sollte das Evangelium verkündigen. Ich wurde an die Geschichte des Mose erinnert, der in die Wüste hinausgehen und Schafe hüten musste. Diese Schafe konnten ihm nicht danken und auch nicht verstehen, was er sagte.“

In einer ähnlichen Situation sah Yun sich dort im Gefängnis. Gott wollte ihn irgendwie dazu benutzen, den Gefangenen zu helfen, obwohl er ihre Sprache nicht verstand und sie ihm nicht danken konnten.

„Ich wusste einfach, dass ich nicht so bald wieder entlassen werden würde, sondern dass man mich dorthin verlegen würde, wo viele Menschen waren. Sie waren wie eine große Herde, ohne Hirte, hilflos und verloren.“

Die Macht der Anbetung

Yun war nun Gefangener in einem Land, dessen Bevölkerung mehrheitlich buddhistisch ist. Daher mussten die Gefangenen mehrmals am Tag Buddha anbeten. Sie wurden jeden Morgen um 5 Uhr nach einer unruhigen Nacht geweckt. Nach dem Appell mussten sie dann eine Stunde lang Buddha verehren. Der gleiche Vorgang wiederholte sich um 13 Uhr mittags und nochmals gegen 20 Uhr am Abend. In der Zwischenzeit mussten sie ihre Arbeitsnorm erfüllen. Jeder Gefangene musste 5000 dieser Räucherstäbchen produzieren, die im ganzen Land in zahllosen Tempeln verwendet werden. Die Wände der Zellen waren mit kleinen Götzenfiguren behängt und zusätzlich war in jedem Raum eine große Buddhastatue aufgestellt. Es war streng verboten, vor dieser Statue zu sitzen oder zu schlafen, da dieser Bereich als heilig angesehen wurde.

„Aber ich sagte ihnen, da ich ein Priester sei, hätte ich das Recht, mich dort aufzuhalten. Und das wurde auch so akzeptiert“, erklärte Yun.

Aber wie konnte er es vermeiden, Götzen anzubeten und Dinge herzustellen, das zum Götzendienst verwendet wurde?

„Ich habe die Erfahrung gemacht, dass, auch wenn die Situation ausweglos erscheint, dennoch immer ein Weg da ist. Dieser Weg ist Jesus. Ich erklärte unmissverständlich, dass ich an diesen Zeremonien nicht teilnehmen würde; selbst auf die Gefahr hin, dass sie mich erschießen würden. Ich würde niemals Buddha anbeten oder die geforderten Räucherstäbchen herstellen. Zugleich flehte ich Gott um Hilfe an und sagte Ihm, dass dies eine große Prüfung für mich sei, aber ich nicht tun würde, was sie von mir verlangten.“

Am ersten Morgen in seiner Zelle beobachtete Yun seine Mitgefangenen, wie sie dem neuen Tag entgegenstarrten. Die Zeit zur Buddhaanbetung sollte gerade beginnen und die Inhaftierten saßen in Reihen in dem bekannten Lotussitz.

„Ich sagte: ‚Herr, Herr, ich weiß nicht, was ich tun soll, aber das werde ich nicht mitmachen.‘ Gerade bevor diese Weigerung über meine Lippen kommen wollte, stieg eine große Freude in mir auf und ein Lied sprudelte aus mir heraus: Halleluja, halleluja, halleluja.“

Die aus Yun hervorquellende Freude breitete sich aus wie Wellen im Wasser. Die anderen Gefangenen schauten befremdet auf diesen Mann, der etwas sang, was sie noch nie gehört hatten. Aber es klang angenehm, und sie wurden dadurch berührt. Bald stimmten andere in den Gesang mit ein. Es klang viel feiner als ihr eigenes monotones Rezitieren. Im Buddhismus ist Singen, wie wir es kennen, nicht erlaubt. Daher stürmten die Wärter sofort in den Raum, als sie die ersten Töne hörten, schnell gefolgt vom Gefängnisdirektor. Alle wollten nun wissen, wer das war, der da mit dem Gesang begonnen hatte.

„Ich erklärte ihnen, ich sei ein Pastor, der am besten Bibelseminar der Welt ausgebildet worden ist, und dass ich an den lebendigen Gott glaubte. Dieser Gott erfreue sich an geistlicher Musik und möchte, dass wir ihn in dieser Art anbeten. Der Direktor fragte: ‚Was bedeutet Halleluja?‘ Ich antwortete, das sei ein Wort der Dankbarkeit und der Ehre unserem Gott gegenüber, der als Jesus Christus auf die Welt gekommen sei.“

Die Burmesen haben im Allgemeinen großen Respekt vor Priestern und Mönchen, und das kam Yun in dieser Situation sehr zu Hilfe. Der Direktor erlaubte ihnen, das Halleluja-Lied in ihrer Zelle zu singen. Bald kamen andere Gefangene und baten ihn, ihnen das Lied auch beizubringen. Es klang so freundlich und sie spürten, dass sie froher wurden, wenn sie dieses Lied sangen. So lehrte Yun sie, Halleluja zu singen, und das Lied verbreitete sich wie eine ansteckende Krankheit von Zelle zu Zelle. Bald schon konnte man dieses Loblied in vielen Abteilungen des Gefängnisses hören. Später fand Yun sogar jemanden, der ihm half, christliche Lieder aus dem Chinesischen ins Burmesische zu übersetzen. Auf diese Art und Weise lernten viele Gefangene eine ganze Reihe christlicher Lieder.

„Am meisten freute mich die Veränderung im Gesichtsausdruck meiner Mitgefangenen. Zuvor lebten sie unglaublich traurig und niedergedrückt dahin, doch sobald sie begannen Loblieder zu singen, veränderte sich der Ausdruck auf ihren Gesichtern. Schließlich lächelten sie sogar und einige lachten laut. So zog etwas Freude in die Haftanstalt ein, trotz all des Drecks, des Gestanks, der Erniedrigung und Hoffnungslosigkeit, und das alles, obgleich die Gefangenen zu Anfang noch kein Wort von dem verstanden, was sie sangen. Ich glaube, dass der Gefängnisdirektor die Lieder deshalb erlaubte, weil er beobachten konnte, wie sich die ganze Atmosphäre im Gefängnis veränderte. Die Gefangenen wurden ruhiger, weniger aggressiv, und ihre Stimmung verbesserte sich, als der Heilige Geist mit Seiner Arbeit begann. Ich betete ständig zu Gott, und die Mitgefangenen konnten sehen, wie wichtig mein Glaube für mich ist. Jeden Morgen, wenn ich zu singen begann: ‚Komm, komm, und bete den lebendigen Gott an', dann lächelten die anderen Gefangenen, einige lachten und manch einer lachte sogar so laut, dass er vor Lachen fast Bauchschmerzen bekam. Sie waren hier in einem Gefängnis, wo es seit Jahrzehnten verboten war zu singen. Was jetzt geschah, hatte eine tiefe, heilende Wirkung auf sie."

Auf diese Weise konnte Yun nicht nur vermeiden, Buddha anzubeten und kultische Räucherstäbchen zu produzieren, sondern ermutigte darüber hinaus noch seine Mitgefangenen, den lebendigen Gott zu verherrlichen – und das alles mit Erlaubnis der Gefängnisbehörde! So erlebte er, wie schon viele Male zuvor, wie Gott Situationen, die menschlich ausweglos scheinen, benutzt und sie in einen Sieg für Sein Reich verwandelt.

Kapitel 5

LICHT IM REICH DES TODES

Eines Tages kam ein Mitgefangener zu Yun und erzählte ihm, dass an einem der Gebäude auf dem Gefängnisgelände ein Kreuz angebracht sei. Er sagte: „Dies muss ein Platz sein, den Gott anzubeten, dem du dienst. Wir würden gerne dorthin gehen, aber es ist uns nicht erlaubt. Vielleicht kannst du den Direktor fragen, denn er mag dich."

„Tatsächlich wurde mir der Besuch der Kapelle gestattet", berichtet Yun. „Sie war ein Überbleibsel aus der Kolonialzeit, als dieses Gefängnis der britischen Kolonialmacht gehörte. Bei jedem Besuch konnte ich ungefähr zehn Mitgefangene dorthin mitnehmen, und selbst einige inhaftierte buddhistische Mönche fragten mich, ob sie sich uns anschließen dürften."

Zweifellos hatten sie den besonderen Geist erkannt, der diesen Pastor der Christen umgab, und wollten auch etwas davon haben.

„Ich stellte wieder einmal fest, wie wahr es doch ist, dass unser persönliches Leben mit Jesus das Maß bestimmt, mit dem wir andere mit dem Evangelium beeinflussen können", führt Yun aus.

Wie bereits erwähnt, war das Gefängnisessen äußerst kärglich und fast ungenießbar. Es handelte sich um eine Art Reis, der aber extrem verunreinigt war und absolut widerlich roch und schmeckte. Doch für die meisten Gefangenen gab es nichts anderes. Alle Gefangenen aßen mit ihren schmutzigen Händen gemeinsam aus der gleichen Schüssel, ungeachtet dessen, dass viele von ihnen unter schweren ansteckenden Krankheiten litten.

„Gott ermöglichte es jedoch, dass ich durch meine Rechtsanwälte, das Rote Kreuz und die Deutsche Botschaft genießbare Nahrung von außerhalb des Gefängnisses bekam", erzählt Yun. Dabei konnte er jedoch nur einen kleinen Teil der Lebensmittel für sich selbst behalten.

„Zweifellos bemerkten meine Mitgefangenen die Liebe, die ich für sie hatte, und so kamen sie zu mir und baten mich, etwas von meinem Essen abzugeben. So gab ich das meiste von dem, was ich geschenkt bekommen hatte, an sie weiter."

Manchmal geschah es sogar, dass er so viel weggab, dass ihm selbst nur noch die verfaulte Gefängnisnahrung blieb. „Zu Beginn hatte ich keine Probleme mit meiner Verdauung. Doch einmal, als ich von diesem Gefängnisessen gegessen hatte, waren meine Eingeweide wie unter Feuer. Hohes Fieber befiel mich und ich wurde sehr krank. Sechs Tage konnte ich mein Lager nicht verlassen und ich glaubte, ich müsse sterben."

Er wurde dann in die Krankenabteilung des Gefängnisses überführt, wo die Ärzte bestätigten, dass er ernsthaft erkrankt sei. Daher behielten sie ihn für einige Zeit dort. Es ist sehr gut möglich, dass diese ungewöhnlich entgegenkommende Behandlung damit zusammenhing, dass sich die Deutsche Botschaft während seiner gesamten Gefängniszeit immer wieder für ihn einsetzte.

Nach sechs weiteren Tagen ging es ihm besser und man überlegte, ihn wieder in seine Zelle zurückzubringen. Doch kurz darauf stieg das Fieber wieder an und es wurde ihm gestattet, noch eine Weile länger im Krankenhaus zu bleiben. Obgleich die Einrichtung als „Hospital" bezeichnet wurde und in der Tat eine Verbesserung gegenüber den allgemeinen Umständen im Gefängnis darstellte, waren die Zustände dort natürlich weit entfernt von dem, was wir mit einem „Krankenhaus" verbinden. Menschen, die unter tödlichen Krankheiten litten, wurden ohne räumliche Trennung von den anderen Patienten untergebracht und Fäulnisgeruch hing über jedem Raum. Mit all den höchst ansteckenden und todbringenden Krankheiten war dieser Ort für viele der Menschen dort eigentlich nur der Vorhof zum Totenreich. Die überwiegende Mehrzahl der Patienten verließ das Hospital nicht lebend.

Wo keine Hoffnung mehr ist

Die Insassen in diesem Gefängnis kamen aus einer Vielzahl von ethnischen Gruppen und Nationen. Unter anderem saßen dort auch zwei Afrikaner aus Ghana ein, die Yun zum Glauben führen konnte. In den Ländern des Fernen Ostens leben viele Chinesen, und so traf er hier etliche Chinesen aus Singapur, Thailand und Burma, und natürlich auch aus China selbst. Viele von ihnen waren in einer Weise zum Tode verurteilt worden, die typisch für Burma und die buddhistische Religion ist. Es fällt uns schwer, dieses Rechtssystem mit seinen seltsamen Strafen zu verstehen. Einer der Gefangenen hatte eine Haftstrafe von 600 Jahren erhalten, ein anderer war zu 387 Jahren verurteilt worden. Einige Drogenhändler aus Singapur waren zum Tode und zusätzlich zu 50 Jahren Haft verurteilt worden. Massenmörder erhielten die Todesstrafe zusätzlich zu lebenslanger Haft.

Man kann solche Strafen nur im Zusammenhang mit dem buddhistischen Glauben an die Reinkarnation verstehen. Diese Unglücklichen waren dazu verurteilt worden, auch in ihrem nächsten Leben noch im Gefängnis leben zu müssen. Die Todesstrafe ist dort auch nicht gleichbedeutend mit Hinrichtung, denn streng genommen erlaubt der Buddhismus keine Todesstrafe. Die Menschen werden stattdessen in kleinen Zellen isoliert, wo sie buchstäblich zu Tode faulen; ein Prozess, der viele Jahre dauern kann. Im Fall einer schweren Krankheit kann es unter Umständen erlaubt werden, dass der Gefangene für eine gewisse Zeit ins Gefängnisspital verlegt wird. Dort kann man sie leicht an den roten Westen erkennen, die sie tragen müssen.

Als nun Yun in das Spital verlegt worden war, sprach es sich schnell herum, dass es dort einen chinesischen Pastor gäbe. 20 Chinesen fanden daraufhin Wege, aus ihren Todeszellen ins Krankenhaus zu kommen und Yun dort zu treffen. „Eigentlich wollten sie nicht mich persönlich treffen. Sie hatten einfach ein tiefes Verlangen, von Jesus zu hören", erklärt Yun, „aber natürlich wollten sie auch Neuigkeiten hören. Möglicherweise gab es ja politische Veränderungen. Die Frage war immer: ‚Gibt es irgendwie einen kleinen Hoffnungsschimmer, doch noch freigelassen zu werden?' Ich empfand eine intensive Liebe ihnen gegenüber und sagte ihnen, dass es Hoffnung gäbe. ‚Ja, ich kann euch von einem großen Gnadenerlass berichten', sagte ich ihnen. Natürlich wollten sie sofort mehr darüber hören. Einer der zum Tode Verurteilten beugte seinen Kopf und rief laut: ‚Du musst uns helfen, Pastor, du musst uns retten. Die wollen uns in diesem Gefängnis sterben lassen.' Daraufhin kamen die Wärter und zogen ihn weg. Und alle wurden wieder in ihre Zellen zurückgebracht."

Im Laufe der nächsten vier Tage bat Yun Gott intensiv um ein Wunder, um nochmals mit diesem armen Menschen zu sprechen. Er fragte auch einen anderen Christen, der gute Kontakte im Gefängnis hatte, und bat ihn, für ihn eine dieser roten Westen zu besorgen. Er wollte genauso gekleidet sein wie die zum Tode Verurteilten, wenn sie sich noch einmal treffen sollten. Und so kam es genau, wie er gebetet hatte. Vier Tage später wurden die Gefangenen noch einmal aus ihren Todeszellen in das Hospital gebracht, und dies war die Botschaft, die Yun für sie hatte, als er vor ihnen saß, gekleidet in eine rote Weste, genau wie sie:

„Ich erzählte ihnen, dass wir alle zum Tode verurteilt worden sind; aber auch, dass uns allen vergeben wird, sobald wir unseren Gott und Herrn Jesus Christus für uns persönlich annehmen. So konnte ich ihnen die ‚Gute Botschaft' weitergeben. Sie nahmen Jesus als ihren persönlichen Erlöser an und wurden gerettet, halleluja. Nur zwei von ihnen lehnten die Errettung ab."

Taufe unter dem Wasserhahn

Nachdem sie Jesus als ihren Erretter angenommen hatten, führte sie Yun zu einem Wasserhahn und taufte sie dort. Es waren 18 Chinesen aus verschiedenen Ländern, die dort wegen schwerer Verbrechen verurteilt waren und denen nur wenig Hoffnung blieb, aus diesem Gefängnis je lebend herauszukommen. Aber nun hatten sie Leben erhalten, ewiges Leben.

„Ich erklärte ihnen, dass in der gleichen Art, wie ich sie eben getauft hatte, sie andere taufen sollten, solche, die aufgrund ihres Zeugnisses zum lebendigen Glauben gekommen waren. ‚Vielleicht werdet ihr hier für den Rest eures Lebens inhaftiert sein. Aber ihr habt jetzt das Licht erhalten', sagte ich ihnen. Sie fragten nach einer Bibel, und ich versuchte, eine für sie aufzutreiben. Aber unglücklicherweise gelang es nicht."

Später nahm sich jedoch das Rote Kreuz der Sache an und versuchte zu erwirken, dass sie Bibeln erhalten konnten. Yun wurde es später sogar gewährt, dass die zum Tode verurteilten in dieselbe Zelle wie er eingesperrt wurden. Gegen alle Vorschriften wurde das drei ganze Wochen lang geduldet. Auf diese Weise konnte er sie lehren und ihren Glauben stärken.

Viele Gefangene waren aufgrund ihrer politischen Aktivitäten verurteilt worden. Ein Umstand, der von der internationalen Staatengemeinschaft sehr stark kritisiert wurde, wobei das Militärregime in Rangoon dem Protest jedoch nur wenig Aufmerksamkeit schenkte. Viele der Gefangenen waren junge Studenten, die für Demokratie und Menschenrechte gekämpft hatten. Einer von ihnen war der Neffe der Nobelpreisträgerin Aung San Suu Kyi. Yun sprach viel mit ihm – über Christus und über die Menschenrechte. Einige dieser Jugendlichen waren schon im Alter von 15 Jahren verhaftet und zu bis zu 30 Jahren Gefängnis verurteilt worden. Und niemand kann eine derart lange Strafe unter diesen Bedingungen überleben. Doch so sieht Burma heute aus, im Grunde ist es tödlich, sich in diesem Land für Demokratie und Menschenrechte einzusetzen.

Es sieht so aus, als fürchte die Regierung diese Leute mehr als irgendetwas anderes auf der Welt. Um zu verhindern, dass sie andere Menschen beeinflussen, werden sie völlig isoliert. Dennoch war es Yun erlaubt, sie zu besuchen, ihnen Essen zu geben und für sie zu beten. Einige von ihnen ergriffen seine Hand, schluchzten tief ergriffen und sagten ihm, dass dies der erste menschliche Kontakt gewesen sei, den sie seit vielen dunklen Jahren gehabt hätten.

Kapitel 6

Sieben Jahre – oder Gottes perfekter Zeitplan

Seid dankbar in allem

Am 16. Juli 2001 wurde Yun von seinen Rechtsanwälten darüber unterrichtet, dass sein Fall vier Tage später, am 20. Juli, vor Gericht verhandelt werden würde. „Sie sagten, ich würde sicher freigesprochen, und meine Gefängniszeit wäre bald vorüber. Dabei diskutierten sie bereits, mit welchem Flug sie mich aus Burma ausfliegen würden."

Die Deutsche Botschaft schrieb dem burmesischen Innenminister und erklärte, Deutschland würde die volle Verantwortung für Yun übernehmen, sobald er aus dem Gefängnis frei käme. So rechnete fast jeder mit seinem Freispruch und damit, dass die Gerichtsverhandlung eine reine Formalität sein würde. Einige waren sogar der Ansicht, er könne sich darauf einstellen, das Land schon am folgenden Morgen zu verlassen.

Yun jedoch war noch unsicher. Er hatte dies alles vorher schon einmal gehört. So zweifelte er weiter, obwohl er den Brief der Deutschen Botschaft gesehen hatte und es ausreichend Grund gab, dieses Mal optimistisch zu sein.

Zu seiner Überraschung stellte er bei seinem Eintreffen im Gerichtssaal fest, dass sein Rechtsanwalt gar nicht anwesend war. Das

Urteil wurde verlesen und statt des erwarteten Freispruchs wurde er zu sieben Jahren Gefängnishaft verurteilt. Einige andere Anwesende waren über das hohe Strafmaß schockierter und überraschter als Yun selber. Zwei Glaubensbrüder begannen, im Gerichtssaal zu weinen. Keiner verstand, warum man ihn zu einer derart harten Strafe verurteilt hatte.

„Als mir das Strafmaß übersetzt worden war, verspürte ich jedoch keine Verzweiflung darüber, dass ich nun möglicherweise eine sehr lange Zeit meines Lebens an einem derart schrecklichen Ort verbringen musste. Im Gegenteil, plötzlich überkam mich eine tiefe Freude, während ich da saß, mit Handschellen an die Wärter gekettet. Ich verbeugte mich vor dem Richter und sagte: ‚Euer Ehren, ich danke Ihnen von ganzem Herzen für diese Strafe von sieben Jahren.‘ Mir war jetzt offiziell erlaubt worden, weiter in diesem Land zu bleiben. Jetzt konnte ich dort unter diesen armen Menschen weiter für Gottes Reich arbeiten. Meinen beiden Glaubensbrüdern, die über meine hohe Strafe so betroffen gewesen waren, erklärte ich noch, dass es sich bei dem Strafmaß keineswegs um einen Fehler handelte. Es würde sich alles zum Guten entwickeln, weil Gott für alles in unserem Leben einen perfekten Zeitplan hat. Wenn die Zeit reif ist, wird er mich in die Freiheit bringen."

Sieben Monate und sieben Tage

Als er nach Verkündigung des Urteils wieder ins Krankenhaus zurückkam, hielten die anderen Insassen es für eine himmelschreiende Ungerechtigkeit, dass er zu sieben Jahren Haft verurteilt worden war. Für sie war Yun ein guter Mann, der ihnen geholfen hatte, indem er alles mit ihnen teilte. Selbst die Wärter und die Polizei dachten, dass diese Strafe ungerecht sei.

„Einer der Wärter wollte mich trösten. Er erzählte mir, er sei dazu verurteilt worden, 600 Jahre dort im Gefängnis als Wärter zu arbeiten. Damit verglichen würden doch meine sieben Jahre sehr schnell vergehen. Ich erwiderte ihm, dass das Urteil für mich kein Problem darstelle. Ich sei glücklich, denn nun könnte ich wieder zu ihnen kommen, mich um sie kümmern und ihnen helfen."

Danach wurde Yun von der Außenwelt abgeschlossen. Weder seine Rechtsanwälte noch irgendjemand anders durfte ihn besuchen. Doch völlig überraschend kam dann am 18. September 2001 ein Polizist mit einem Dokument in seine Zelle, das er unterschreiben sollte. Kurz danach sollte er entlassen werden – genau sieben Monate und sieben Tage nach seiner Verhaftung.

Was war nun die offizielle Begründung dafür, dass ihm jetzt doch so bald die Freiheit zurückgegeben wurde? Die Polizei erklärte nur, dass er als unerwünschter Ausländer ausgewiesen worden sei und innerhalb der nächsten sechs Monate nicht wieder in das Land einreisen dürfe. Über die Details seiner Freilassung gibt es unterschiedliche Versionen, doch so viel ist klar: Es wurde zwischenzeitlich sehr viel unternommen, um seine Freilassung zu erreichen. Tim setzte seine Anfragen an das burmesische Innenministerium unaufhörlich fort. Die Deutsche Botschaft tat ebenfalls alles in ihrer Macht Stehende, und auch das Rote Kreuz unterstützte die Aktionen mit Nachdruck. Am wichtigsten aber waren sicherlich die vielen Gebete. AsiaLink in Skandinavien und das Aktionskomitee für verfolgte Christen in Deutschland z. B. organisierten Gebetsinitiativen und informierten die Gläubigen. Viele der Informationen mussten in dieser Zeit allerdings vertraulich behandelt werden, da andernfalls zu befürchten war, dass die Behörden in China davon Kenntnis erhalten und die Auslieferung Yuns verlangen würden. Die chinesische Polizei hatte wohl bereits erfahren, dass in Burma ein Mann in Gewahrsam war, der Yun sein könnte. So wurde ein Vertreter der Chinesischen Botschaft zum Gefängnis geschickt mit der Bitte, den Gefangenen zu sehen. Die Burmesen lehnten dies jedoch mit der Begründung ab, dass er deutscher Staatsbürger sei. Dies war im Wesentlichen durch den Einfluss der Deutschen Botschaft möglich, die der Gefängnisverwaltung in einem Brief erklärt hatte: „Dieser Mann ist Deutscher und hat die gleichen Rechte wie alle anderen deutschen Staatsbürger.“ Diese Unterstützung war besonders wichtig, weil Yun im Fall seiner Auslieferung nach China mit der Todesstrafe zu rechnen hatte.

„Wir machten den burmesischen Behörden deutlich, dass wir für den Fall, dass Yun nicht bald freigelassen werden würde, die internationale Öffentlichkeit über das Verhalten der burmesischen

Regierung informieren wollten. Vielleicht scheuten sie diese unangenehme Öffentlichkeit der Vorgänge?", erinnert sich Tim.

Aber wie Yun schon sagte, es war Gottes Plan, Gottes Zeit. Als ich ihn das erste Mal nach seiner Freilassung traf, sagte er, dass seine Arbeit im Gefängnis nun abgeschlossen sei. „Ich bin niemals ein Gefangener gewesen. Gott sandte mich dorthin, um dort sein Reich zu bauen und unter den Verachteten und Ausgestoßenen Gemeinden zu gründen. Jesus sandte mich dorthin, um mit denen die Frohe Botschaft zu teilen, die sie bisher niemals gehört hatten und von denen jetzt viele gerettet worden sind."

Yun konnte in dieser Zeit wirklich viele Menschen zum Glauben an den lebendigen Gott führen. Neben den ca. 20 Chinesen, die sich zu Jesus Christus bekehrt hatten, konnte er bis zum Ende seiner Haft mehr als 100 inhaftierte Burmesen davon überzeugen, Jesus Christus als ihren Herrn anzunehmen. Viele von ihnen gingen mit ihm in die Kapelle, um dort zu beten. Auf diese Weise entstanden innerhalb des Gefängnisses zwei kleine Gemeinden, eine für die Burmesen und eine für die Chinesen. Er lehrte sie zu singen und unterrichtete sie, wie sie auf dem Weg mit Jesus wachsen könnten.

„An jedem Tag, seit ich Burma verlassen habe, sehe ich ihre Gesichter vor mir. Ich bete zu Gott, dass Er sich ihrer annimmt, sie stärkt und sie auf den richtigen Weg führt. Ich hoffe wirklich, dass ich bald in dieses Gefängnis zurückkehren kann, um sie zu besuchen. Und ich weiß, dass mich Gott eines Tages dorthin zurückschicken wird", lässt er uns an seinen Gedanken teilhaben.

Gottes Wirken bis zur letzten Minute

Yun hatte mit einem Burmesen chinesischer Herkunft Bekanntschaft gemacht, der wegen illegalen Glücksspiels verurteilt worden war. Dieser diente ihm als Übersetzer und brachte ihm gleichzeitig ein wenig Burmesisch bei. Yun hatte wiederholt versucht, ihn davon zu überzeugen, Jesus Christus als seinen persönlichen Erretter anzunehmen. Der Mann hatte jedoch jedes Mal abgelehnt. Als Yun nun seine Strafe von sieben Jahre erhalten hatte, versprach der Mann: „Der Tag, an dem du wieder frei sein wirst, wird der

Tag meiner Rettung sein." Er dachte wahrscheinlich insgeheim, dass dieser Tag niemals kommen würde.

„Nach einer Weile wurde er selber entlassen. Nun hatte er Gerüchte gehört, ich solle auch freigelassen und abgeschoben werden. So brachte er die Zeit meines Abflugs in Erfahrung, machte sich auf zum Flughafen und wollte sich mit eigenen Augen davon überzeugen, ob zuträfe, was er gehört hatte. Dort standen nun meine Rechtsanwälte und meine christlichen Freunde. Sogar der Deutsche Botschafter war gekommen, um mir gute Reise zu wünschen. Sie waren dort zusammen mit Vertretern des Innenministeriums, und auch der Gefängnisdirektor persönlich war anwesend.

Als mich die Polizei gerade in das Flugzeug bringen wollte, entdeckte ich plötzlich meinen Übersetzer. Ich wollte auf ihn zulaufen, doch die Polizei hielt mich zurück und sagte, dass dafür jetzt keine Zeit mehr sei – der Flug müsse starten. Ich erwiderte, ich sei Pastor und wüsste sehr genau, was ich zu tun hätte. So trat ich auf meinen Übersetzer zu und sagte ihm: ‚Erinnerst du dich, was du mir versprochen hast? An dem Tag, an dem du mich in Freiheit sehen wirst, akzeptierst du Jesus Christus als deinen Retter.'"

Und er hielt sein Versprechen. Gerade dort, vor allen Leuten, kniete er nieder, und Yun betete mit ihm das Gebet eines Sünders, der sich zu Jesus Christus bekehrt.

Die Regierungsvertreter erklärten, dass alle Anklagen gegen Yun fallen gelassen würden, wenn er seinerseits ein Dokument unterschreiben würde, dass er keinerlei Regressansprüche gegen den Staat Burma geltend mache. Sie erklärten ferner, dass alle Anklagen, die Inhaftierung und das Gerichtsurteil ein Fehler waren. Abschließend versicherten sie ihm noch, dass er in Burma auch später wieder willkommen sei, „weil wir sehen, dass du die Menschen hier liebst". Der Gefängnisdirektor schüttelte seine Hand und drückte den Wunsch nach zukünftig freundschaftlichen Beziehungen aus.

Auf diese Weise wurde der Traum Yuns in vollem Umfang Wirklichkeit. Nicht nur, dass seine Familie in Sicherheit war, auch er hatte seine Freiheit wiedergewonnen – alles zu dem von Gott gesetzten Zeitpunkt. Obwohl er die Warnungen Gottes zu Beginn nicht ernst genommen hatte, war Gott doch während der ganzen

Zeit seiner Inhaftierung bei ihm und wendete das Böse zum Guten. Durch ihn brach Licht und Hoffnung durch den dunklen Schleier der Hoffnungslosigkeit in einem der wohl schlimmsten Gefängnisse der Welt. Durch Yun brachte Gott Leben in den Herrschaftsbereich des Todes.

Yuns Gesundheit hatte unter dieser Zeit im Gefängnis jedoch stark gelitten. Er war von Parasiten befallen, mehrere Infektionen quälten ihn und er hatte dramatisch an Gewicht verloren. Sein Geist aber blieb während dieser ganzen Zeit stark und sein Glaube lebendig. So konnte er beim Betreten des Flugzeuges sagen: „Es ist vollbracht. Ich bin frei."

Ein Wort zum Schluss

Seitdem Yuns Asylbegehren in Deutschland stattgegeben wurde, ist er unser Mitarbeiter. In dieser Zeit war und ist es aufregend, das Wirken Gottes in Yuns Leben als Augenzeuge zu beobachten. Oft hat Yun für Menschen hier in Deutschland gebetet, die er nie vorher gesehen hatte und deren Kultur ihm ebenso fremd ist wie deren Sprache. Dennoch waren viele von den Gebeten Yuns aufs Tiefste beeindruckt, weil Gott durch ihn konkret tröstend und auferbauend gesprochen hatte – oft sogar nur durch die wenigen Worte, die Yun auf Deutsch beherrscht.

Die Zeit, die Yun in Burma im Gefängnis verbringen musste, war auch für uns hier eine schwierige Zeit. Vieles von dem, was hier beschrieben wurde, wussten wir nicht. Manches war versprochen worden, konnte aber oft nicht gehalten werden. Die Gründe hierfür waren meist nicht in Erfahrung zu bringen. Was uns schließlich blieb, war, auf das Eingreifen Gottes zu vertrauen. Gleichzeitig hielten wir engen Kontakt mit Yuns Familie. So konnten wir verfolgen, wie gerade Deling nach ihrer anfänglichen Freude über ihr Eintreffen in Deutschland zunehmend von Sorgen belastet war. Das konnte auch ihr unverändert freundliches Lächeln nicht verbergen. Durch die Sprachbarriere war eine Verständigung mit ihr in der Anfangszeit praktisch unmöglich. Wir sind Gott von ganzem Herzen dankbar, dass diese Zeit nun zu Ende ist.

Am 19. September 2001 konnten wir Yun am Frankfurter Flughafen in Empfang nehmen. Am gleichen Tag noch führten wir mit ihm ein Interview. Wir fragten ihn, ob er im Gefängnis froh gewesen sei, entsprechend dem, was in den Seligpreisungen im Matthäusevangelium gesagt ist. „Ja“, antwortete er, „ich wusste mich von der ersten Sekunde in Gottes Plan, und deshalb konnte ich diese Zeit gut überstehen, obwohl ich anfangs auch dachte, ich würde es nicht überleben.“

Die Familie ist jetzt in Deutschland vereint, obwohl Yun weiter häufig Reisen unternimmt. Doch die Familie genießt die Sicherheit in unserem Land. Die Kinder sprechen schon gut Deutsch. Es ist eine Freude zu sehen, wie sie sich entwickeln.

Es ist für uns eine ehrenvolle Aufgabe, mit Yun, diesem Apostel Gottes, zusammenarbeiten zu dürfen. Wir hoffen, dass durch unsere gemeinsame Arbeit noch viele Menschen in der ganzen Welt die Liebe Gottes zu jedem persönlich erkennen, Menschen vor Gott Buße tun und ihr Leben mit Seiner Hilfe verändern. Dies wird ein fortwährender Prozess sein, in dem wir täglich auf Gottes Hilfe angewiesen sind.

Vergessen wollen wir nicht, uns bei den Menschen ausdrücklich zu bedanken, die uns in der Zeit der Gefängnishaft Yuns in Burma sehr geholfen haben. Es waren viele Menschen; erwähnen möchten wir jedoch besonders die Hilfe des Auswärtigen Amtes der Deutschen Bundesregierung, die uns sowohl in Deutschland als auch durch ihre Botschaften in Thailand und Burma jegliche Unterstützung zuteil werden ließ.

Wir brauchen die Hilfe Gottes, aber auch die Hilfe von Menschen. Wenn Sie mit uns das Verlangen haben, das Evangelium von der Liebe Gottes insbesondere in die Teile der Welt zu bringen, in denen Menschen ihres Glaubens wegen verfolgt, inhaftiert, schrecklich gefoltert und teilweise getötet werden, dann nehmen Sie bitte mit uns Kontakt auf. Leider geschehen derartige Dinge nicht nur in China oder Burma, sondern auch in vielen anderen Staaten, insbesondere in Asien.

AVC Deutschland, im Winter 2002/2003